Be Strong:
You Are Braver Than You Think

了不起的你

你不知道自己有多厉害

(英)波皮·奥尼尔(Poppy O'Neill) 著

蔺秀云 韩思思 邢佰豪 译

全国百佳图书出版单位
化学工业出版社
·北京·

Be Strong: You Are Braver Than You Think, by Poppy O'Neill
ISBN 9781787836075

Copyright © 2020 by Summersdale Publishers Ltd. All rights reserved.

Authorized translation from the English language edition published by arrangement with Summersdale Publishers Ltd.

本书中文简体字版由Summersdale Publishers Ltd. 授权化学工业出版社独家出版发行。
本书仅限在中国内地（大陆）销售，不得销往中国香港、澳门和台湾地区。未经许可，不得以任何方式复制或抄袭本书的任何部分，违者必究。

北京市版权局著作权合同登记号：01-2021-5511

图书在版编目(CIP)数据

你不知道自己有多厉害 /(英)波皮·奥尼尔（Poppy O'Neill）著；蔺秀云，韩思思，邢皕豪译. 一北京：化学工业出版社，2022.4（2025.5重印）
（了不起的你）
书名原文：Be Strong: You Are Braver Than You Think
ISBN 978-7-122-40604-0

Ⅰ.①你… Ⅱ.①波…②蔺…③韩…④邢… Ⅲ.①心理健康-健康教育-少儿读物 Ⅳ.① G444-49

中国版本图书馆CIP数据核字（2022）第012274号

责任编辑：赵玉欣　王　越　王新辉　　　　　装帧设计：尹琳琳
责任校对：宋　玮

出版发行：化学工业出版社（北京市东城区青年湖南街13号 邮政编码100011）
印　　装：中煤（北京）印务有限公司
880mm×1230mm　1/24　印张5³/₄　字数152千字
2025年5月北京第1版第5次印刷

购书咨询：010-64518888　　　　　售后服务：010-64518899
网　　址：http://www.cip.com.cn
凡购买本书，如有缺损质量问题，本社销售中心负责调换。

定　　价：29.80元　　　　　　　　　　　版权所有　违者必究

序

十多年的儿童、青少年心理咨询服务经验,以及抚养两个女儿的经历,让我深刻地感受到:缺乏自信会给孩子带来怎样的痛苦和问题。

社会急速发展变化,孩子们也不可避免地承受来自四面八方的压力,这使得他们对自己和自己的能力感到非常不确定,甚至会丢掉孩童与生俱来的自信。

如何帮助孩子找到他们的内在力量,并重新学会以一种自信而放松的方式来处理他们面临的内部和外部挑战?

波皮·奥尼尔的《你不知道自己有多厉害》饱含关怀地为父母和孩子提供了很好的支持性资源。它帮助孩子理解什么是自信、什么可能会影响自信,并阐明自信的水平也可以随着环境的变化而波动;用丰富的案例和实用的方法指导孩子逐步建立自信;教给孩子分辨坚定、被动和侵犯之间的区别,并且帮助孩子们了解什么是真正的友谊;这本书还教孩子们如何使用肯定形式的积极想象,通过想象建立自信心，养成新的习惯并找到解决问题的方案。

我强烈推荐这本为儿童而写的自助书。书中生动有趣的练习将帮助孩子们学习技能、获得知识和见解，并支持他们在今后的生活中更加自信、更有韧性。

阿曼达·阿什曼−维姆普思（Amanda Ashman−Wymbs）
心理咨询师、精神分析师

目 录

写给父母的话 / 001

写给孩子的话 / 005

你相信自己吗? / 008

练习：介绍一下自己吧 / 010

练习：什么让我与众不同 / 012

练习：给能量之花涂色 / 014

练习：给我的自信水平打个分 / 016

无能狂怒怎么办? / 020

练习：当激烈情绪迎面扑来 / 021

练习：用注意力"扫描"全身 / 024

练习：我的身边有什么 / 025

练习：1分钟想象 / 026

练习：制作闪闪发光的罐子 / 027

练习：记录每天的心情 / 028

总觉得自己不行怎么办? / 033

练习：试着讲段新故事 / 035

练习：记录想法和感受 / 038

练习：通过调整呼吸来放松 / 041

练习：找出能让我感觉好起来的小事 / 043

事情太难怎么办? / 045

练习：把大目标分成小步骤 / 047

练习：即便害怕也做一些事情 / 049

练习：昂首挺胸 / 050

没有主见怎么办? / 052

练习：皮普要采取行动吗 / 054

练习：回想自己战胜困难的经历 / 055

练习：肯定自己 / 057

朋友让你不舒服怎么办？ / 060
- 练习：我在朋友眼中的样子 / 063
- 练习：如果我是他 / 064
- 练习：清晰地表达感受和想法 / 066
- 练习：像对待最好的朋友一样对待自己 / 067

害怕失败不敢尝试怎么办？ / 070
- 练习：我擅长的事 / 075
- 练习：每个人都曾是"新手" / 077
- 练习：假如我是超级英雄 / 079

太可怕了，可以不做吗？ / 082
- 练习：把恐惧写出来 / 084
- 练习：我是小勇士 / 085
- 练习：每一次勇敢行动都有意义 / 087
- 练习：画出恐惧和自信的样子 / 091
- 练习：假如我更加自信 / 093
- 害怕也没关系 / 095

身体好真的可以更自信吗？ / 096
- 练习：我的自画像 / 097
- 练习：我最喜欢的食物 / 099
- 练习：奶昔也能让我更健康 / 100
- 练习：睡个好觉 / 101
- 练习：运动和玩耍 / 102
- 练习：在安全的港湾放松下来 / 105

向未来出发！ / 106
- 练习：制作我的能量徽章 / 110
- 练习：填满自信箱和勇敢储蓄罐 / 113
- 练习：给自己鼓鼓劲儿 / 118
- 练习：制定行动计划 / 119
- 练习：设计"安全上网"海报 / 122

致父母：还可以做些什么 / 126

写给父母的话

这是一本培养儿童自信心的实用指南。书中介绍的理念和练习方法都是以儿童心理学家的治疗技术为基础的,这些理念和练习能够帮助孩子建立自信,并从不同的角度思考思想和情绪如何影响他们看待世界的方式。

自信是在面对不确定性时采取行动的能力。随着孩子的自我意识和对世界认识的增长,他们会感受到尴尬、受伤或失败的感觉,他们的信心也会随之下降。

所有人都或多或少经历过自信受挫(每个人都有不安全感),但你的孩子可能比同龄人更容易自我怀疑。有时候,不管你怎么安慰他们,有些事情还是会困扰他们。

这本书的目标读者是5～12岁的孩子。在这个年龄,很多事情都在发生变化:学校对孩子的要求越来越严格,友谊变得越来越复杂,他们的身体开始发生变化,他们开始对自己和他人的外表更在意。

面对这些前所未有的新变化和新挑战,也难怪有些孩子会

缺乏应对的信心。如果你的孩子有这种情况，那么请记住：这很常见，你并不孤单。只要找到正确的方法，再加上你的支持和鼓励，孩子就可以逐步建立起自信，并有能力应对挑战，成长为一个强大、快乐而独立的人。

孩子缺乏自信的迹象

留意这些迹象，因为它们可以帮助你判断孩子是否有自信不足的问题：

- 他们不愿意尝试新事物
- 很小的自我改变对他们来说也十分困难
- 他们过度关注自己能否融入同龄人
- 他们很容易因为可能的失败而有压力
- 他们经常出现情绪波动

写日记能够帮助你更好地了解孩子自信不足的发生频率，还能够帮你弄清这是否是一个持续性问题。关注孩子生活中发生的其他事情也很有帮助——他们为什么这么做，是什么导致孩子自信心缺乏，这背后的原因并不总是一目了然的。

怎么和孩子说

自信对每个人来说都是复杂而独特的，很难用具体的语言来描述它。与孩子交谈的最好方式是简单地聊一聊他们的一天，并看看发生了什么。如果你察觉到孩子对某件事情缺乏信心，可以温和地询问他更多的细节。

为了提升信心，你的孩子需要做一些他们认为可怕的事情。因此，当他们谈论他们认为困难的事情时，确认他们的感受非常重要。

人们通常会对孩子说"你会好起来的"或"那不会发生的"来减少他们的担忧。虽然这看起来是一种很好的、亲切的行为，但这种方法可能让孩子们开始为他们的恐惧和不安而感到羞愧，从而更难表达这些感受。

相反，当你要倾听孩子并确认他们的感受时，你可以使用诸如"这听起来真的很可怕／让人不安／很难"这样的表达，让他们知道他们的感受是可以被理解的，而且是有意义的。

当我们知道即使我们感到不安，我们也会好起来的时候，自信就产生了。让孩子知道，无论发生什么事你都会爱他，他也会有能力应对困难。

如何使用这本书

这本书是写给孩子看的，但你的帮助也不可或缺。有些孩子可能很乐意在他们自己的努力下完成书中的练习，而有些孩子可能需要父母的指引和鼓励。

让孩子按照他们自己的节奏进行，并让他们独立完成。培养孩子的自信心意味着父母要相信孩子的能力，并允许孩子自己做出决定。

书中的练习通过引导孩子认识他们自己和他们的思维方式，来帮助他们勇敢地行动，以提升他们的自信心。

希望这本书能对你和你的孩子有所帮助，使你们能够更深入地了解自信是如何运作的，以及怎样建立自信。如果你担心孩子有严重的心理健康问题，建议寻求专业帮助。

写给孩子的话

这些迹象表明，你可能自信不足：

- 对于尝试新鲜事物感到害怕
- 发现自己很难大声说话
- 想要改变自己，从而融入朋友之中
- 与他人相比，你感觉自己不够好
- 认为事情总是对你不利

如果你有时或大多数时候存在以上这些情况，那这本书就可以帮到你。你有能力改变对自己的看法，也能鼓起勇气去做困难的事情。

在这本书中你会找到有关自信如何发挥作用的信息，学习如何建立自信的想法，并尝试做帮助你了解自己和增强自信的小练习。

你可以按照自己的节奏阅读这本书——没有必要急于求成。在阅读过程中，可能会有一些内容让你想和值得信赖的大人讨论,他 / 她可以是你的妈妈或爸爸,照顾你的人,你的某个老师,你的哥哥、姐姐、爷爷、奶奶、阿姨、叔叔,或者任何你熟悉并让你觉得和他聊天很舒服的大人。

　　这本书是为你而写的,也是关于你的,所以你就是专家,没有错误答案!

你好！我是皮普，我会在这里引导你阅读这本书。书中有很多好玩儿的活动，也有很多有趣的想法。你准备好了吗？让我们开始吧！

你相信自己吗？

我们经常会提到自信，自信究竟是什么呢？有人可能认为自信意味着大声说出自己的想法或者将自己的想法强加于别人，但这种认识并不太正确。

自信来自对自己和自己能力的肯定。当你相信自己时，你知道你可以尝试新的事物或表达自己的想法。当你充满自信时，就不会因为担心犯错或者与他人意见不合而停止做某事。

自信的人不会通过取笑他人的方式来获得自信。如果有人这样做了，这恰恰意味着他们缺乏自信，并错误地认为让别人感觉糟糕就能让自己感觉良好。

人的自信水平会有高低的变化，这取决于他们的感受以及他们周围在发生的事情。但是提升自信水平的方法也很多，这本书的创作初衷就是帮助你找到有效提升自信水平的合适方法。

练习：介绍一下自己吧

让我们从重要的事情开始。让我们来了解更多关于你的事，以及什么对你重要。

把你的答案写下来吧！

我家的家庭成员有:

使用三个词语形容我居住的地方:

我最喜欢做的事情是:

练习：什么让我与众不同

每个人最特别、最独特的地方是我们如何思考和感受，也就是我们的内心世界！你能完成这些句子吗？

我擅长_____。

我担心_____。

我引以为傲的是_____。

我梦想_____。

我过去经常_____。

我总是_____。

我从不_____。

我感兴趣的是＿＿＿＿＿＿＿＿＿＿＿＿＿＿＿＿＿＿＿＿＿＿＿。

＿＿＿＿＿＿＿＿＿＿＿＿＿＿＿＿＿＿＿＿＿＿＿会使我开怀大笑。

＿＿＿＿＿＿＿＿＿＿＿＿＿＿＿＿＿＿＿＿＿＿＿会使我感到伤心。

＿＿＿＿＿＿＿＿＿＿＿＿＿＿＿＿＿＿＿＿＿＿＿会使我感到愤怒。

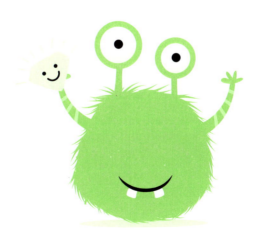

练习：给能量之花涂色

曼陀罗是一种圆形图案，大多数是对称的，就像下面这个（如果你喜欢，你可以给它上色）。

你可以用任何东西制作你自己的曼陀罗——鹅卵石、树叶、书籍、花瓣、乐高积木、纽扣……或者用这些东西混在一起来做！你需要做的就是将它们排列成一个圆形图案。

试着自己制作——仅仅为了好玩而发挥创造力是建立自信的好方法。

练习：给我的自信水平打个分

缺乏自信的表现：

- 经常感到焦虑
- 因为害怕而不知所措
- 认为自己不如别人好
- 相信坏事会发生在自己身上
- 不喜欢自己
- 对自己的身份或自己的样子感到羞愧
- 害怕参加日常活动
- 为了融入集体而撒谎或保持沉默
- 认为自己如果尝试新事物就会失败
- 非常害怕犯错

自信的表现：

- 大部分时间感到平静
- 感到安全
- 享受生活
- 能适应变化
- 能够谈论自己的感受
- 与他人意见不同时能够坚持自己
- 喜欢自己
- 接受自己是谁，接受自己的样子
- 能够尝试新事物
- 尊重他人和自己
- 接受自己会犯错，并能从中吸取教训

你现在能给自己的自信水平打分吗？你可以想想看，在读这本书的时候，你有多自信，或者你对今天或明天要做的事情有多大的信心。记下这些，你就能够记住自信的原因和感受！

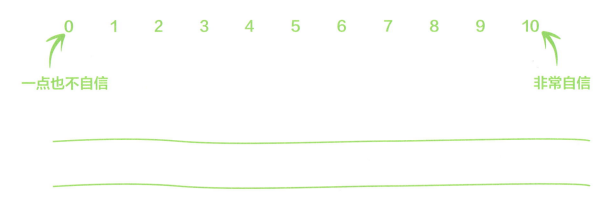

下次在你感到非常自信的时候，再来做这个练习：

0　1　2　3　4　5　6　7　8　9　10

一点也不自信　　　　　　　　　　　　　　　　　　　非常自信

当你对某事感到非常沮丧时，也可以再来做一次：

0　1　2　3　4　5　6　7　8　9　10

一点也不自信　　　　　　　　　　　　　　　　　　　非常自信

练习：当激烈情绪迎面扑来

当你遇到困难信心不足时，如果再感受到激烈的情绪（比如恐惧或难堪），那么理出头绪就真的很难。有时我们会开始恐慌，会去做一些事情让自己再次获得安全感（即使我们并非真的处于危险中）。

当你感到强烈的、压倒性的情绪时，你会怎么做？圈出那些听起来像是你会做的行为——想圈多少都可以。

隐藏自我　　　　　　　　　　　　　　强颜欢笑

愤怒

逃避　　　　　　　　　　　　　　　　大喊大叫

其他的？

自信是你身体里的一种感觉,同时也是看待自我的一种方式。有时,这种感觉可能像蜡烛的火焰一样微弱;有时,它可能像篝火一样耀眼。你的身体里一直产生着各种各样的感觉——情绪;工作中的器官,以及你可以触摸到、闻到、尝到、看到和听到的东西都是感觉的来源。

你能闭上眼睛,感受一下你的身体里正在发生什么吗?不需要说出这些感觉,也不需要写下任何东西——只要倾听你的身体片刻就好了。

现在,你能用你的大脑做同样的事吗?想象一下你进入自己的大脑,坐下,看着想法的气泡——你不需要做任何事情——只是看着它们,让你的想法自然而然地出现和消失。

当你静静地观察自己的想法和感觉时，就像去旅游度假——其实，你只是在你的身体里闲逛了一会儿。当你感觉到强烈或可怕的情绪时，练习正念，你就能更容易让自己平静下来，这反过来又会帮助你自信地行动。

很多不同的方法可以让你进入正念。在接下来的内容中，有一些可供尝试的正念练习——看看哪种方法最适合你！

练习：用注意力"扫描"全身

闭上你的眼睛，对你的身体进行"扫描"——你头顶的感觉如何？慢慢地移动你的注意力，直到你的脚趾。对于身体的某些地方，你可能感觉很重或很轻、舒适或不适，你可能会产生忧虑之类的情绪，或者饥饿之类的身体感受。

你可以在这幅画中展示你身体不同部分的感觉吗？你可以使用任何你能想到的东西，比如颜色、图案、文字、符号……

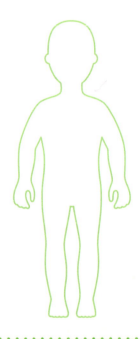

你可以随时检查自己的身体——总会感受到一些东西！

练习：我的身边有什么

你可以在任何时间、任何地点做这个练习。体验周围的环境，你能发现：

5 样你看到的东西

---

4 样你摸到的物品

---

3 样你听到的东西

---

2 样你闻到的东西

---

1 样你尝到的东西

如果你在写其中任何一项时遇到了困难，你可以列出你最喜欢看、摸、听、闻或尝的东西来代替。

练习：1分钟想象

当你感到信心不足，或对于一些需要勇气的事情束手束脚无法行动时，可以尝试做这项练习。你需要做的就是安静地坐下来，定时 1 分钟，读一读下面这段文字，并想象这些情景，或者请一位成年人为你朗读这些内容。

> 想象你是一棵强壮的树。感受你的根如何深入地下，支撑你，并为你带来茁壮成长所需的一切。感受你的躯干是多么的粗壮，多么的坚固而平静。感受你的树枝，它们如何向上伸展，不断生长。感受你的叶子——被温暖的阳光轻抚是什么感受？被凉爽的雨水拍打是什么感受？也许风会吹得叶子沙沙作响或卷向天边。到了秋天，叶子纷纷掉落。但你，总在生长，又至春天，你的枝丫更高了，你的新叶更绿了。现在，慢慢地回到你的树枝上——不用着急。透过你的树干去感受——感受它如何变得更粗壮了——再深入地面直到你的根部，树根也延展得更深了。当你准备好时，就可以睁开眼睛。

这样的练习会让你感觉更平静，更自信。定期练习是建立自信的极好途径。练习得越多，你越能从中感受到乐趣！

练习：制作闪闪发光的罐子

当感到心烦意乱、惊慌失措或忧心忡忡时，你会觉得自己的内心受到了很大的冲击。闪闪发光的罐子是帮助你平静下来的好工具。

你需要：

- 一个有密封盖的罐子
- 水
- 你最喜欢颜色的、可生物降解的闪粉

说明：

1. 请一位成年人帮助你把闪粉放进罐子里。然后，将罐子装满水并把盖子拧紧（你可以加一层防水胶布以确保安全）。
2. 摇晃罐子，看着闪粉在水中弥漫。现在，保持罐子不动或者把它放在桌子上，观察闪粉是如何慢慢地、轻轻地沉入罐底的。
3. 当你下一次感到内心起伏不定时，试着摇晃这个罐子，想象你的感受与闪粉同时缓缓地沉静下来。

练习：记录每天的心情

你能记录下你一周、一月、一年的情绪吗？首先，给每一种情绪赋予一种颜色，并添加更多的情绪！

画出你自己的其他表情，并在所有表情旁涂上对应的颜色：

现在，通过对下面的小方格上色来记录你每天的心情。

	一月	二月	三月	四月	五月	六月	七月	八月	九月	十月	十一月	十二月
1												
2												
3												
4												
5												
6												
7												
8												
9												
10												
11												
12												
13												
14												
15												
16												
17												
18												
19												
20												
21												
22												
23												
24												
25												
26												
27												
28												
29												
30												
31												

你最常感受到的情绪是什么?你能把它们画在这些圆圈里吗?你可以使用不同颜色、花纹、图案、文字……不要害怕,发挥你真正的创造力!

让别人知道你内心的情绪，你会感觉如何？要做到这一点，有时需要很大的勇气和信心。

使用表情符号是开始向他人展示我们内心感受的一种好方法。

这些表情符号让你感觉如何？是什么让你有这样的感觉？

当_____

_____时，

我感觉_____

_____

_____

当_____

_____时，

我感觉_____

_____

_____

当_____

_____时，

我感觉_____

_____

_____

当_____

_____时，

我感觉_____

_____

_____

当_____

_____时，

我感觉_____

_____

_____

当_____

_____时，

我感觉_____

_____

_____

总觉得自己不行怎么办?

跟自己对话指的是我们如何对自己说话以及怎样谈论自己。你可能会想："别傻了——我不跟自己说话！"但我们的想法是有声音的，而这个声音是否友善会对我们的自信水平产生很大的影响。

回想某次你犯错误的情景，你能记起当时你脑中的想法和对自己说过的话吗？你能大声说出来或在脑子里"说出来"吗？如果可以，你能把它们写在下面吗？

例如，"我总是弄错""我下次会更努力"。

_____

_____

你刚才写的是一个"跟自己对话"的例子。你跟自己的对话友善吗？如果有人以这种方式和你交谈，你愿意和这样的人做朋友吗？

如果答案是否定的，那你可以选择更友善的方式对自己说话。当你听到自己在想或说一些对自己不友善的话语时，就选一个更友善的句子，比如：

练习：试着讲段新故事

在头脑中，我们整天都在给自己讲故事！有时我们会给自己讲善意的故事，有时则是不那么善意的。

有一天，皮普在去学校的路上被一根木头绊倒了。

在皮普的脑子里，故事是这样的：

"我真是蠢透了，每个人都会嘲笑我。"

你能想出一个不同的、更友善的故事吗？

这个怎么样：

"我感到很尴尬！我没看到那根木头。这件事可能发生在任何人身上。"

皮普的一个朋友看到皮普被绊倒后开怀大笑。对于这件事，请帮皮普讲述一个善意的故事吧！

_____

_____

_____

_____

_____

提升自信的最好方法之一，就是记住我们的每个想法都是一个故事。我们可以选择给自己讲善意的故事，也可以讲不那么善意的故事——虽然我们可以选择，但也并不意味着这很容易！下次当你感到信心不足时，试着倾听你心中的故事，并选择一个更友善的版本。

每个人的自信水平都有起有落——如果有些人一直自信满满,那么他们可能只是非常善于表现自信。这并不是一件坏事。比你实际感觉的显得自信一些,往往是自信行事的必要条件。一旦你发现那样做能使情况变得不错,甚至结果表现非常出色时,你的自信就会得到提升。变得勇敢和表现得更自信的关键是:迈出第一步,即使它会让你感觉害怕。

很多事情可以帮助你表现得更自信,也有一些事情会让你不那么自信。在这一部分,我们将对这两个方面进行探讨。

练习：记录想法和感受

皮普决定加入一个新的运动俱乐部。这是皮普的第一次尝试，他需要很大的勇气，才能找到尝试新事物的信心。皮普心里可能在想什么呢？让我们一起来看看。

想一想，当你要做一件需要勇气的事情时，你头脑中有什么样的想法呢？

我们已经了解了头脑中会发生的变化。现在让我们思考一下,当你面对一件需要勇气的事情时,你的身体会是什么感觉。这是皮普身体的感觉:

当你面临挑战、信心不足时,你的身体会有什么感觉?写下来或者画出来吧!

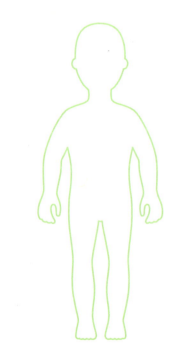

练习：通过调整呼吸来放松

当你感到信心不足时，做一些需要勇气的事情会让你感到尤为害怕。当感到害怕、焦虑或担心时，我们的呼吸会变得急促而短浅。深呼吸是一种能够令人变得更平静、更勇敢的好方法。深呼吸能让你全身平静下来——减慢你的心跳，阻止思绪翻腾。

平时常练习这些呼吸技巧，以便于你下次感到惊慌或有压力时，可以使用它们。

拿起一个可爱的玩具，躺在床上、沙发上或地板上，把玩具放在你的肚子上。你可以让玩具随着深呼吸而跟随腹部缓慢地上下移动吗？请数着深呼吸的次数，直到你数到12。

用你的手指沿着这个三角形的边缘慢慢勾画。在勾画第一个侧边时持续吸气,在勾画第二个侧边时屏住呼吸,在勾画第三个侧边时慢慢呼气。持续下去,直到你绕整个三角形5次。

练习：找出能让我感觉好起来的小事

这里有一些能够快速提升自信的方法，看看这些方法是否对你有帮助。你也可以添加一些自己的方法！

- 记下他人善意的言语
- 对自己说一些友善的话
- 穿你觉得舒适的衣服
- 吃一顿健康的饭菜或一些零食
- 大口喝水
- 来一个拥抱
- 想一想事情进展顺利的时候
- 与朋友一起玩耍

- _____
- _____
- _____
- _____
- _____
- _____

无论如何，感到害怕并继续前行需要巨大的力量。能够适应不良情绪，是建立自信的有效方式。很多时候，通过选择不勇敢，可以避免恐惧等不良情绪，会让你感觉好一些。如果你这样做，也没关系！没有人是一直勇敢的——那会让人筋疲力尽。但是，当一些事情真正值得你去做时，比如学习一项有趣的新技能或结交一位有趣的新朋友，如果你可以与不良情绪共处，就会更勇敢地去做；而不会因为感到害怕就放弃和你想认识的人交谈。也不会因为感到尴尬就不去尝试学习新的技能。多数时候，乐趣和恐惧是一体两面。一旦你克服了恐惧，乐趣就会在那里等着你。

事情太难怎么办？

自信是需要慢慢建立的，就像在建造一座塔。做有挑战的事情是建立自信最有效的方式。你越表现得勇敢，就越会觉得自己勇敢！在这一部分，我们将学到一些让自己变得强大的方法和帮助自己树立信心的技巧。

练习：把大目标分成小步骤

当你觉得一些事情过于艰难而无法完成时，试试把它分解成一个个小步骤。看看皮普是怎么做的。

皮普有一辆新自行车，但还没有信心骑它上路。皮普的朋友们骑着自行车在公园里呼啸而过，在他们面前骑自行车，皮普担心自己会感到尴尬，因为他骑着这辆较大的崭新自行车时，仍然有些摇摇晃晃的。那么，皮普怎样把骑好自行车这件事分成几个小步骤呢？

首先，皮普找到一个人少的地方去练习。没有其他孩子的注视，他不用太顾虑自己是否骑得摇摇晃晃的。

接着，皮普制订了一个每天练车的计划，这个计划持续一周时间。

第一天，皮普骑得摇摇晃晃的，并且摔下了自行车（当然，他戴了头盔和护膝），但是他没有放弃！

每练一天，皮普骑得就更稳一些，他也觉得自己更有自信一些。

当皮普觉得准备好了，他在公园安静无人的时候，绕着公园骑车，看看感觉如何。

当皮普觉得已做好准备时，虽然仍然有些害怕他还是鼓起足够的勇气和朋友们一起骑车。尽管皮普骑得还有些不稳，但是他玩得很开心，他现在也有了在公园里骑车的自信。

以下是皮普骑好自行车的分解步骤：

6 和朋友们一起骑车

5 永不言弃！

4 去安静的公园

3 跌倒了也要继续！

2 每天练习

1 找一个人少安静的地方

下次当你有一个想要分解的庞大目标时，可以使用这些步骤来帮助自己。

练习：即便害怕也做一些事情

正如到目前为止你在本书中所学到的，为了提升自信，你通常必须在仍感到有些害怕的时候做一些事情。而下面的活动可以帮助你，让你走上更勇敢、更自信的道路：

- 跟唱一首自信之歌（大声唱）
- 拿着一块幸运石、水晶或一只泰迪熊
- 自我肯定5次
- 拥抱某个特别的人
- 抚摸宠物
- 画出你的感受
- 把你的担心写下来，并撕碎它们
- 伸展身体
- 做一些跳跃性的动作
- 摇摆你的身体
- 做3次深呼吸
- 吹一个气球

练习：昂首挺胸

当你需要增强信心时，尝试去改变你的姿势。将你的肩膀向后下方拉伸，挺直背部，并抬起下巴。这些"有力的姿势"将帮助你进入自信状态——模仿皮普，并体会不同的姿势将怎样改变你的感受。

"Y"的姿势代表"YES"

"这里我做主"

"够一够星星"

"嗒嗒!"

没有主见怎么办？

你听说过"主见"吗？当一个人自信时，他会果断地行动。这意味着在维护自己的同时，也考虑他人的感受。就像是在跷跷板的中间位置：

坚持自己的主张有时会让人感到惶恐。有些人觉得，由他人做主并隐藏自己的感受会容易一些——这就是所谓的被动；有些人喜欢通过吓唬对方让自己得逞——这种行为方式就是所谓的攻击性。

事实上，你可以说出你的想法，并要求得到自己想要的东西。其他人也同样可以持有不同的想法或意见。当你带有主见地表达或行动时，你清楚地知道自己的想法和感受，同时你也尊重他人的想法和感受。

练习：皮普要采取行动吗

当皮普正全神贯注地阅读心仪作家的新书时，他的朋友开始在附近玩一个吵闹的电脑游戏。

对此，皮普可能会如何反应？

你能找出哪个反应是被动的，哪个是攻击性的，而哪个是坚定、有主见的吗？在下列反应和你的答案之间连线。

A 无视嘈杂的游戏　　　　　　　　　　坚定而有主见的

B 偷走他们的操作手柄　　　　　　　　被动的

C 请他们调低音量　　　　　　　　　　攻击性的

当我们有主见地采取行动时，每个人都会感到自己是重要并受到尊重的。

练习：回想自己战胜困难的经历

你能想到一些对你来说曾经是困难或可怕的，而现在做起来更容易一些的事情吗？

_____
_____
_____

你还记得在自己感到困难时，什么帮助过你，让你继续努力吗？

_____
_____
_____

尝试新事物和适应变化可能是非常困难的，当前有什么让你犹豫不前的事情吗？

_____
_____
_____

"排练"会对你很有帮助。你可以和爸爸或妈妈一起，让他（她）扮演不同的角色，这样你们就可以在实际生活中将场景表演出来。你也可以用写或画的方式进行排练。

试着写下你担忧可能会发生的事情：

_____
_____
_____
_____
_____
_____
_____

现在，你能写下这件事情可能会出现的最好结果吗？你希望获得什么样的感受？你想做些什么？你希望发生什么？

_____
_____
_____
_____
_____
_____
_____

练习：肯定自己

自我肯定的短句能像魔术一样提升自信。每天进行自我肯定，就像是给自己施了魔法。即使你还感觉不到它们的真实性，但你的头脑也会越来越相信这些话语。

试试这些短句，看看念出它们会让你感觉如何。为什么不把它们写在彩色纸上，并贴在你每天能看到的地方？

表现出自信并谈论自己的成就，有时并不让人感到愉快。你可能会担心，如果你开始坚持自己的立场，与朋友们意见相左，或是表现出他们尚不具备的勇气，也许你的朋友们将不再那么喜欢你。

　　嫉妒是一种让人难以忍受的情绪，而许多人会嫉妒自信而勇敢的人。所以，善待他人，但如果别人试图打击你，就不要留在他们身边。记住：如果别人因为你坚持自己的立场，或说出自己真实的感受而对你不友善，这不是你的错。其他人也像你一样会有难受的情绪，试图让他们摆脱这些情绪并不是你的责任。

　　为自己喝彩并足够地重视自己，当事情不对的时候，要大声说出来。当然这并不容易，这需要巨大的勇气，但你可以做到！更加重要的是，你将激励其他人像你一样勇敢地行动。

朋友让你不舒服怎么办?

如何判断一个人是否是你的真朋友？这可能并不容易。

仅仅因为某些人花时间和你在一起，称自己是你的朋友，并不意味着他们是真正的朋友。当你和一个真正的朋友在一起时，你可以放松，做你自己。和虚假的朋友在一起，你可能会感到紧张、担心，好像你需要保守自己的秘密。

当你缺乏自信时，可能特别难以拒绝虚假的朋友。虽然拥有很多朋友让你更自信，但只有当他们是真正的朋友时，这种自信才能够持久。而虚假的朋友会让你再次失去自信。

记住：你值得拥有善待自己的朋友，你不必花时间和那些让你感觉不好的人在一起。

真正的朋友：

- 倾听你
- 友善地与你交谈
- 为你挺身而出
- 接纳你
- 庆贺你的成就

虚假的朋友：

- 忽视你
- 恶语相向
- 排挤你
- 伤害你的身体和（或）感情
- 嘲笑你或令你难堪

> 如果你正在遭受欺凌，这不是你的错，你也不该被如此对待。欺凌可以表现在言语或行为上，这些永远都不应该发生。如果你认为自己正在遭受欺凌，你可以去找一个值得信赖的成年人寻求帮助。

练习：我在朋友眼中的样子

你的朋友们喜欢你的哪些方面？如果这个问题难以回答，为什么不去问问他们？

也许你的朋友们喜欢你的笑声、你的倾听能力，或者你讲故事的方式……请在下面写下或画出你的答案。

> 做自己永远是找到好朋友的最好方式。如果你隐藏真实的自己，那么潜在的朋友们又怎么能知道你有多棒呢？

练习：如果我是他

当出现问题或争论时，你会有什么感受？冲突可以引发我们每一个人的强烈情绪。

通常来说，如果你花费一些时间去站到对方的立场上考虑问题，你就能找到让每个人感觉良好的解决方案。能够理解彼此的感受和观点（即使意见不同）是自信地处理冲突的关键。

例如，当皮普试图集中注意力时，他的同学波普在大力地敲打铅笔。对此，皮普可以表现出恼怒的情绪，还很生气地要求波普安静一点儿，也可以隐藏这些感受并忽略敲击声。

皮普心想：解决这个问题，维护自己很重要……但也可以看看我是否能够理解波普敲打铅笔的原因！

皮普可以这样说："嘿，这声音让我很不舒服——你可以停下来吗？你是不是遇到什么麻烦了？应该是个大麻烦吧？"

通过这样的方式，皮普和波普的感受都得到了尊重。

你会怎样解决争论和冲突呢？通过怎样的方式，可以让每个人的情绪都受到重视并且双方也都感到满意呢？

1. 你和你的兄弟都想玩电脑——他说轮到他了，你说该你了。你会怎么做？

_____

_____

2. 你朋友最喜欢的玩具不见了，他说，是你去他家的时候，把玩具藏起来了。你会怎么做？

_____

_____

3. 你和朋友穿着同样的上衣去参加一个聚会，你觉得你的朋友在模仿你。你会怎么做？

_____

_____

> 能够忍受冲突是提升自信的重要组成部分——这样我们就知道，即使事情没有按计划进行，也仍可以顺利完成。

练习：清晰地表达感受和想法

表达自我可能会让人感到害怕（比如在课堂上回答问题、与朋友意见不合，或是寻求帮助）。有时，保持沉默会让人感觉更容易一些。但如果你不去表达自己，周围的人将永远无法听到你的想法，也无法知道你需要什么。他们不会了解你有多么出色，也不会分享你独特心灵中精彩、有趣的部分。

在镜子前，练习用清晰、自信的声音说话！试试这些短句，或编一些你自己的话：

练习：像对待最好的朋友一样对待自己

你有最好的朋友吗？有些人有，有些人没有。试着想象一下，别人如果为你做哪些事情，就能成为你最棒最好的朋友。你可以在这里写下这些事情：

_____

_____

_____

_____

_____

现在，你能想象为自己做到上述所有事情吗？这听起来可能很奇怪，但却是有用的！想想看：我们总和自己在一起，我们头脑中的想法就像是自己在跟自己说话。

每个人列出的清单都会有所不同，但你的清单可能和第 62 页"真正的朋友"清单有点像。

当你像最好的朋友一般对待自己，你就能从内在建立起自信。当你友善地与自己对话，尊重自己的想法和身体，做着自己喜欢的事……这就如同一位自信教练时刻陪伴在你身边！

你知道思维是非常强大的吗？我们思考自我和世界的方式决定了我们感受到的情绪，以及我们所做出的选择。

举例来说，消极思维会让我们以不友善的方式对待自己，并相信世界对自己也是不友好的。当然，人产生消极思维这件事并没有错——每个人在某些时刻都会这样。

你是否曾经发现自己陷入了消极思维之中？它们是真正的信心杀手！下次当你感到自己的想法正在令你沮丧时，将它们写在这里：

现在，如果你最好的朋友对自己产生这些想法，你会对他们说什么？你能以更亲切、更积极的想法去回应你的消极思维吗？

害怕失败不敢尝试怎么办?

很多时候,当涉及体育活动、考试或比赛时——这类事情最需要自信——我们会想到获胜者和失败者。有时,我们甚至认为只要自己不是完美的或最棒的,我们就是失败者。

而另一种看待获胜的方式可能有助于你建立自信。如果你不与他人竞争会怎么样？如果你始终只是在和恐惧竞争呢？这样的话，如果你需要勇气去尝试某件可怕或未知的事，你唯一的失败方式就是不去尝试它。比赛时你可能是最后一名，也可能是第一名——但无论如何，你都战胜了恐惧，因为即使感到害怕，你仍尽力而为。所以，你赢了！

艾米、康纳和凯莎要一同去露营。她们三个很不一样，但她们是最好的朋友。

艾米擅长制订计划，但很难适应变化。她找到了一个安营扎寨的好地方，并确保他们每天都有新奇的事情可做。

康纳非常具有创造力，但他很难在一段时间内专注于一件事情。当骤然下雨时，他想出了一个巧妙的方法来确保所有物品不被淋湿，并发明了一个可以在帐篷里玩的游戏。

凯莎非常勇敢，但她没有耐心。当独自在营外散步时，她发现了一棵可以攀爬的神奇的树，并跑回来带其他人去看。

当她们在一起时，就能聚集那么多优势！如果她们都是同一类型的人，露营旅行可能就不会那么有趣了。

这三个朋友共同合作，让每个人都可以做自己，而不是去比较她们的长处和短处。

你在哪些方面与你最好的朋友不同？你能说出自己的优势和劣势吗？

练习：我擅长的事

每个人都擅长不同的事情。你有哪些才能？也许你是个好厨师，擅长讲笑话，或者你觉得自己画画很棒。把你的才能写下来，为自己喝彩：

_____
_____
_____

现在，写下你想改善的部分：

_____
_____
_____

你可以做些什么来提升这方面的能力呢？

_____
_____
_____

你能想到一些目前你还做不到但想尝试的事情吗？

_____

_____

_____

你如何学会做这些事情呢？

_____

_____

_____

练习：每个人都曾是"新手"

当我们观察别人时，比如体育运动员、歌手、音乐家、著名作家、博主……甚至是学校里的其他孩子，我们会很容易认为他们的专长是与生俱来的。而事实上，我们看不到这些令人印象深刻的技能和自信背后，人们所付出的努力。

所以，如果你因为要寻求帮助，或花费时间去学习而觉得自己很蠢、很烦人，请记住，每个人——是的，甚至是你最喜欢的名人——都曾是一名新手。

为了帮助你记住这一点，请在下面的空白处填上你所崇拜的人——他们可能是名人或你认识的人，他们可以是孩子，也可以是成年人。

_____在_____方面曾是一名新手。

在首次尝试时，_____并不专长于_____。

当刚开始的时候，_____不能将_____做得很好。

_____在学习_____的过程中犯过错误。

练习：假如我是超级英雄

想象一下：你拥有一个秘密人生，你是一个超级自信的超级英雄。你会用自信的力量做什么？你能写下或画出一个关于自己将如何使用这些能力的故事吗？如果作为超级英雄的你遇到了现实生活中的你遇到的那些挑战，会发生什么呢？

想一想你当前觉得困难的三个问题、挑战或事情。然后想象一下，在这些情境下，作为超级英雄的自己会怎么做……

挑战1

挑战 2

挑战 3

太可怕了，
可以不做吗？

你可能觉得，书中的一些想法和提升自信的技巧对你有所帮助，其他的则对你帮助不大——这当然是正常的！因为自信在很大程度上源于你信任自己，并知道什么是适合自己的。

当你信任自己时，就会找到直面恐惧的勇气——不管是大的还是小的恐惧。勇敢的标准因人而异，也一直在变化。不同的人恐惧的事物也各不相同。

在这一部分，我们所谈论的自信源于鼓起勇气去做那些让你感到害怕的事。

练习：把恐惧写出来

什么东西对你来说是可怕的？请在下面记下所有让你感到害怕、焦虑或担忧的事情。

练习：我是小勇士

你能在下一页将自己画成一位无畏的勇士吗？可能你想像皮普一样，为自己添上盔甲或特殊配饰。你的战斗口号会是什么呢？

在这里将自己画成一位勇士：

你会有盔甲和超能力吗？你会摆出一个特定的姿势吗？你的脸会是什么样子的呢？你会为勇士起一个新名字吗？

练习：每一次勇敢行动都有意义

你能回忆起自己克服挑战的一个时刻吗？无论在别人看来这个挑战是大还是小，你的每一次勇敢行动都意义重大。也许是你曾不顾害怕和担忧，坚持参加了一次聚会；也许是你曾为自己和朋友挺身而出，对抗别人的尖酸刻薄……请尽可能详细地写下或画出来。

当时的问题或挑战是什么？

你是怎样勇敢行动的?

最终发生了什么?

如果你习惯于因感到害怕而什么都不做,那么自信地开展行动对你来说将会格外困难。

从一件让你感到害怕的小事着手——或许是谈论你的感受、尝试新鲜事物,或是寻求帮助。

你做得很棒,慢慢来也没有关系。

观察当你做出一个勇敢的选择时会发生什么——也许你会惊喜到自己!

你可以做哪件勇敢的小事来给自己惊喜呢?

练习：画出恐惧和自信的样子

你能想象恐惧是什么样子的吗？自信呢？你能在这里画出这两种情绪吗？

> 现在想象自己用自信的力量使恐惧缩小，而你的自信将随着恐惧的缩小而变大。

事实上，恐惧或焦虑的情绪永远都不会完全消失——毕竟，这是我们都会经历的正常的、有益于健康的感受——但你可以选择自己多大程度上听从于它们。通常情况下，与你信任的人谈论这些感受能帮助到你，即使是简单地表达"我感到害怕／担心／悲伤"，也可以将你的消极感受减少一些。

练习：假如我更加自信

让我们回想一下"假如我是"超级英雄的练习——在当时的想象中你使用自信这一超能力做了什么？你可以想象自己再次拥有这种超能力吗？这一次，闭上眼睛，看到自己当下的样子，并且当下的你变得更自信。你不必做任何事情——只是感受自信的感觉，并在头脑中观察正在感受的它自己。

和想象中更自信的自己相比，你有哪些不同？又有哪些是相同的呢？让我们将这些记录下来，你可以用画画、涂鸦、头脑风暴、写诗……任何你觉得合适的方式进行记录。

害怕也没关系

无论你感受到什么样的情绪都是可以的——你可以用自己的方式去感受。如果某些事情太过困难,以至于你今天还找不到勇气去面对,也请善待自己,可以在你感觉更强大的时候再试试。

关键在于我们如何对待自己的感受。请用心去理解不同的情绪是怎样影响我们的,以及什么能在我们经历强烈或棘手的情绪时帮到自己。

你能完成下面这些句子吗?

当我愤怒时,我_____。

当我生气时,_____会让我感觉好起来。

当我害怕时,我_____。

当我害怕时,_____会让我感觉好起来。

当我难过时,我_____。

当我难过时,_____会让我感觉好起来。

身体好真的可以更自信吗?

你的身体棒极了。无论你的身体是胖还是瘦，是高还是矮，它都非常适合你。更重要的是，你的身体一直在工作——你的大脑在学习新的知识；你的消化系统从食物中吸收营养，并将身体不需要的废弃物排出；你的感官正在获取来自外在世界的信息；你的心脏正在向你身体的每个部分输送血液。

练习：我的自画像

每个人的身体都是不同的，而且每个人的身体都是美丽的。

你能画一张自画像吗？你可以借助镜子或者根据记忆画出自己。

照顾好自己意味着你要有充足的睡眠，吃健康食品，适度锻炼身体，充分表达情绪（无论是好情绪还是不良情绪）。为你提供良好的照顾是父母（及其他照顾者）应该做的，但你在其中也有很大的作用！

当你的身体得到很好的照顾时，就更容易进行情绪调节。

练习：我最喜欢的食物

你最喜欢的食物是什么？你希望每一天每一餐都能吃到它们吗？但你的身体需要很多种食物才能茁壮成长，所以一日三餐都吃你最喜欢的食物会让你感到疲惫，还可能让你生病！

要想让自己感觉最好、成为强壮的人，你需要彩虹般的食物。

你能根据彩虹的每种颜色画出不同的食物吗？

练习：奶昔也能让我更健康

吃大量五颜六色的水果和蔬菜可以确保你获得身体所需的维生素和矿物质，让你的身体处于最佳状态。

吃奶昔是非常好的方法，而且它们制作起来非常简单！

你理想的奶昔里会有什么？你可以从下面的食材中选择，也可以添加你喜欢的其他果蔬和辅料。

选择你的水果

选择你的蔬菜

添加辅料

为什么不请一位大人来帮助你一起设计食谱呢？

练习：睡个好觉

在睡了一夜好觉之后，你醒来时就会觉得一切都准备好了！如果你晚上睡不着，可以尝试在睡觉前和早上醒来时，在睡眠日记中记下你的想法。

在你睡觉之前，你可以问自己：

- 我感觉有多累？
- 我心里在想什么？
- 我有不舒服的地方吗？

当你醒来的时候，你可以问自己：

- 我做过什么梦吗？
- 是什么帮助我入睡的？
- 我的感觉如何？

像这样写下想法，可以清空你的思绪，让你更容易入睡，同时也帮助你追踪自己的睡眠习惯。

练习：运动和玩耍

运动对保持身体健康非常重要，但你知道运动也能保持你的大脑健康吗？运动时，你的大脑会释放特殊的化学物质，它会让你感觉良好，变得更快乐和自信。你能画出你最喜欢的锻炼方式吗？它不一定是一项运动——跳舞、和朋友们一起跑来跑去、玩健身器材也都是极好的锻炼方式！

你的大脑每天都在发育,而帮助它发育最有效的方法之一就是玩耍。玩耍不仅仅适用于小孩子……随着年龄的增长,玩耍的方式也会发生改变。

你喜欢怎么玩?

绘画、组装玩具、涂色、户外探索、写故事或诗歌、艺术创作、阅读、收集……无论你沉浸于哪一项活动,你都是在玩耍!

你能写出或画出你喜欢的玩耍方式吗?

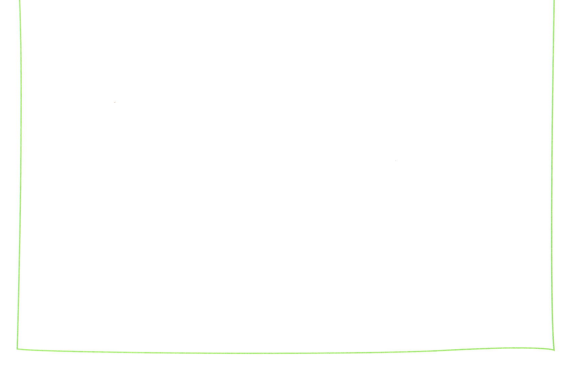

情绪调节意味着，当你感受到强烈的情绪时，你能够持续控制它并使自己恢复平静。

情绪调节对儿童来说是很难的事情，不过，随着年龄的增长，情绪调节会变得越来越容易。不要着急，对于你这个年龄的孩子来说，难以平复剧烈情绪是很正常的——不管是像兴奋这样美好的情绪，还是像悲伤这样痛苦的情绪。对此，你可以寻求帮助——即使是成年人，有时也需要这方面的帮助！

平静是自信的一个重要组成部分。当你要做一件需要勇气的事情时，像恐惧这样的强烈情绪会在你的身体里冒出来。当你累了、饿了，或精力充沛、情绪高涨时，就更难平息这些强烈的情绪，去做需要勇气的事情。

练习：在安全的港湾放松下来

放松时，你可以深呼吸，清晰地思考，你自然会变得更自信。但有时放慢思维、放松身体是很难的。下次当你很难放松时，可以试试下面这个技巧。

想象一个让你有安全感的地方——可以是你知道的一个真实的地方，也可以是一个想象的地方。花一些时间在想象中装饰这个地方，确保周围有很多令人感到舒适的东西。运用你所有的感官去感受——你所在的地方闻起来像什么？你能听到什么？你对脚下的大地感觉如何？如果那里有食物，它的味道如何？

你随时都可以去你想象的那个地方，改变或增加一些细节，或者仅仅待在那里，感受平静。

向未来出发！

希望你通过阅读本书,对自己和自信有了更多的了解。自信地行动是一种习惯,而不是你身上需要改善或可以迅速改变的部分。随着年龄的增长,需要自信的事情也将发生变化——许多你现在觉得困难的事日后会变得容易,而一些你现在觉得容易的事可能会开始变得困难。随着年龄的增长,你也将拥有大量的崭新体验,而其中的一些则需要用勇气去面对。

在这一部分,我们将思考如何在未来持续提升你的自信。

什么时候你觉得自己真的很棒、很自信?那就是你最闪耀的时刻!可能是当你做一些得心应手的事、有创意的事,和重要的人在一起,或是待在令你兴奋不已的地方的时候。

当周围有音乐、舞蹈和朋友的陪伴时,皮普是最耀眼的!

你能写出让你闪闪发光的人、地方和活动吗?

让我大放异彩的人是:

_____

_____

_____

让我最闪耀的地方是：

当我……时，我闪闪发光！

练习：制作我的能量徽章

你的哪些品质让你变得强大呢？也许是你的善良、果断，或宽广心胸。可能得出这个问题的答案很难，所以如果这个问题困住你了，不妨去问问自己的父母或照顾者。

在下一页的徽章中写上你的优点，并以你喜欢的方式装饰这些徽章！

当你完成后，剪下徽章并加上一个安全别针，这样你就可以戴上它们了。也可以将它们贴在自己的房间里来提醒自己，你是多么的优秀和美好。

练习：填满自信箱和勇敢储蓄罐

当我们需要一些帮助才能获得平静和自信时，有一些东西可以帮助到我们。这些东西对每个人来说都是不同的，它们可能是一张图片、一个可以挤压的玩具、一块柔软的布料、一块幸运石、一句最喜欢的格言、一本用于写下想法的日记……为什么不将一个鞋盒装饰一下作为自信箱，把那些让你觉得放松和自信的物品放在里面呢？这样，当你需要它们的时候，它们都在同一个地方。

什么样的东西会被放在你的自信箱里？在你开始收集物品之前，先列一份清单。

♥ _____

♥ _____

♥ _____

♥ _____

♥ _____

♥ _____

♥ _____

♥ _____

♥ _____

每一次你带着力量、勇敢和自信行动都是值得庆贺的——把所有勇敢的时刻写下来并装在一个特别的罐子里,以确保自己能记住它们。

给你的罐子装饰上一个皇冠怎么样?参考下一页的模板来设计你自己的皇冠,将它剪下来裹在罐子上,再用胶带固定住。

以这样的方式集中存放你的勇敢时刻,就意味着当下一次你需要提升信心时,可以去回顾自己获得过的所有惊人成就。

练习：给自己鼓鼓劲儿

哪些话能让你感到强大、自信和有力量？你可能已经在本书中找到了一些，你也可以自己再编写一些！

在下面的标签中写下能激励你的话语，然后将它们剪下来，贴在你每天能看到的地方。

练习：制定行动计划

试着画出或写下你希望的一天（或一周／一月／一年）是怎样度过的。在早晨，花一些时间想象自己充满信心地行动，并且事情也按自己的意愿发展。

试着在下面写一写，你希望自己的一天是怎样度过的：

什么东西能够帮助你,让你感到更有信心?我们在自信箱里装了一些工具,现在,让我们来制订一份行动计划吧。

下列这些建议可以帮助你行动起来:

- 休息一下
- 做几次呼吸练习
- 到自己的安全基地去
- 活动身体
- 把情况写下来
- 与别人交谈
- 使用想象

当我感到信心不足时，我可以：

练习：设计"安全上网"海报

互联网是一个神奇的地方，有着如此多的信息和乐趣！当你上网时，确保安全是非常重要的。

如果你能记住一些简单的规则，那么你就能充分利用好互联网。

你能设计一张海报来帮助你和你的家人记住这些内容吗？你可以把注意力放在其中一条或多条规则上。

- 不要在网上公布你的个人信息或密码；
- 永远不要与你不认识的人交朋友；
- 永远不要与你在网上认识的人见面；
- 在互联网上发布图片或文字之前，请仔细思考；
- 如果你在网上看到一些让你感到不舒服、不安全或担心的内容，请离开网站，关掉电脑，并立即告诉一个值得信赖的成年人。

在这里绘制你设计的海报：

在不同的时间想要不同的东西是很正常的,因为你是一个独特的、正在不断成长的人,你的需求一直在变化。有时皮普想和朋友们一起傻笑;有时皮普想独自安静地阅读……这都是可以的。

所有人在生活中都需要循环做下面的事情:

- 休息
- 运动
- 专注
- 思考
- 放松
- 玩耍
- 与他人联系

所以,听从你身体的声音,记住你可以追求你需要的东西,而且你的需求是可以变化的。

皮普现在感觉自信多了——你也是吗？

你可以随时回来翻阅这本书，以提醒自己自信和勇敢是如何发挥作用的，提醒自己是什么提升或降低了你的自信，或是回顾已完成的练习。

能够通读此书，你已经非常棒了——这当然很不容易。

再见了，并祝你好运。

永远记住：你是强大、勇敢、自信的！

致父母：
还可以做些什么

提升孩子的自信是一件极具挑战的事情，这需要在允许他们独立和为他们提供支持和鼓励之间取得平衡。你比任何人都了解自己的孩子，你要相信自己能够把握好这种平衡。即使你感觉自己犯了个错误，也可以从中吸取教训，并在下次做出不同的选择。

简单的陪伴与倾听，是你能给孩子最棒的礼物之一。这能让他们知道自己并不孤单，而且他们的感受是合理的。

你也可以努力成为一个好榜样，在感到不确定时仍着手行动——不管对哪个年龄段的人来说，这都是勇敢而自信的。当遇到问题时，将你的思维过程言语化——尝试使用积极的、基于问题解决的语言。告诉孩子们一些你曾经觉得困难而现在感觉更容易的事情；和他们谈论你的感受，谈谈什么让你仍然感到困难，而你又是如何鼓起勇气的。这样孩子们就会明白，每个人都与众不同、不完美，每个人都有自己勇敢的方式。

你可能曾试图用大量的赞美来提升孩子的自信，但我们需要对此警惕，因为孩子们很快就能意识到发生了什么。与此相反，试着将赞美具体化——把赞美的重点放在他们细微的改善和对他们来说困难的事情上；赞扬他们的勇敢，并告诉他们你有多么爱他们。即使当他们似乎有些退步时，也要让他们知道，你看到了他们的尽力而为，也为他们感到骄傲。

在这个年龄段，同伴压力可能会开始增加，孩子们在这种压力下做自己更需要巨大的勇气。因此，要让他们知道，你重视他们的独特性，他们可以拥有不同的感受，也可以感觉事情很棘手。尝试温柔地鼓励他们向积极的、各式各样的榜样看齐，并通过启发性的书籍、电影和活动来培养孩子们的想象力。

我希望这本书能对你和你的孩子有所帮助。看到孩子由于缺乏自信而退缩或错失生活中的美好体验总会让人感到难受，而你通过协助并支持他们处理自己的感受，能非常好地帮助到孩子。

如果你担忧孩子的心理健康，请务必与专业医生讨论孩子的状况。虽然几乎所有孩子都有过信心不足的感受，但有些孩子可能会需要额外的帮助。